O Cura d'Ars
João Maria Vianney

Claude Falc'hun
Ilustrações de **Jean Dupin** e **Pierre Leconte**
Cores de **Chagnaud – Brunet – Yot**

O Cura d'Ars
João Maria Vianney

Tradução: Constancia Maria Egrejas

Título original:
Le Curé d'Ars, by Claude Falc'hun
© First published in French by Mame, Paris, France – 1958
Fleurus Éditions
15/27 rue Moussorgski – 75018 – Paris – France
ISBN 978-2-2150-4114-6

Capa e diagramação: Ronaldo Hideo Inoue
Detalhe de vitral do Cura d'Ars
(João Batista Maria Vianney),
Basílica *Nuestra Señora de Luján*, Argentina.
© Dario Ricardo | Adobe Stock.
Revisão: Rita Lopes
Revisão técnica: Danilo Mondoni, SJ

Edições Loyola Jesuítas
Rua 1822 nº 341 – Ipiranga
04216-000 São Paulo, SP
T 55 11 3385 8500/8501, 2063 4275
editorial@loyola.com.br
vendas@loyola.com.br
www.loyola.com.br

Todos os direitos reservados. Nenhuma parte desta obra pode ser reproduzida ou transmitida por qualquer forma e/ou quaisquer meios (eletrônico ou mecânico, incluindo fotocópia e gravação) ou arquivada em qualquer sistema ou banco de dados sem permissão escrita da Editora.

ISBN 978-65-5504-189-7

© EDIÇÕES LOYOLA, São Paulo, Brasil, 2022

103346

Sumário

Encontro	1-3
A primeira infância do Cura d'Ars	4-12
A revolução eclodiu	13-20
Primeira comunhão em um celeiro	21-25
Os trabalhos dos campos	26-30
O jovem camponês quer se tornar padre	31-36
Na estrada para La Louvesc	37-39
Uma estadia nas montanhas do Forez	40-43
Rumo ao sacerdócio	44-49
Vigário em Ecully	50-53
João Maria se instala em Ars	54-69
Catequista e pregador	70-75
Primeiros combates contra o pecado	76-87
Fundador da escola: a "Providência"	88-96
Ars se transforma: o demônio não fica contente	97-104
O martírio do confessionário	105-123
Um dia bem agitado	124-132
Ah! Se ele pudesse ter silêncio	133-138
A história do escultor	139-141
Amor à pobreza	142-143
O bispo concede-lhe o título de cônego	144-149
E o Imperador o condecora	150-151
Os milagres	152-157
A viúva de um suicida	158-159
Os últimos anos e a morte	160-169
O triunfo	170-171

Prefácio

Existe em sua cidade, em seu bairro, um homem que é chamado de "Seu Padre"? Talvez, sim; talvez, não...

Se existe, você sabe que ele mora na casa paroquial, quase sempre perto da igreja.

Você já o viu celebrar a missa, dar o catecismo, batizar um bebê. Fora isso, com certeza você não sabe muito mais coisa sobre o "Seu Padre".

Então, leia este livro tranquilamente, com amor. Ele lhe narrará a verdadeira história do Pároco de um pequeno vilarejo da França.

Ele contará a razão pela qual esse homem se tornou padre, o quanto ele amava os homens, todos os homens, porque ele amava a Deus com todo seu coração, com toda sua alma, com todas suas forças.

Além da vida de Pároco de Ars, você pensará em seu padre, não é mesmo? Ao grande amor que o levou a dar toda sua vida por você,

    para que você seja feliz,
    para que você descubra o caminho a ser seguido para ter êxito na vida,
    para que você tenha a vida de Deus em você...

No rosto e na vida d'*o Cura d'Ars*, você verá Jesus.

Claude Falc'hun

Uma carroça pesada avançava lentamente através de uma neblina espessa que encobria o horizonte e dificultava a orientação. Na carroça, amontoados de qualquer maneira, uma cama, duas velhas mesas, um aparador, uma panela de ferro, um fogão, uma estante e alguns pacotes de livros. Atrás, caminhavam silenciosamente uma velha senhora e um jovem padre, cujos sapatos ecoavam penosamente nas pedras da estrada.

Chegaram a uma encruzilhada. Que direção tomar? Os viajantes estavam perdidos. Felizmente, por perto estavam os pastores que levavam seus rebanhos para pastar. O padre aproximou-se de um deles, um garoto esperto, a fisionomia iluminada por um belo sorriso.
— Meu garoto, você poderia me indicar a estrada para Ars?
— É por ali, Seu padre; depois é sempre reto.
E com o dedo, o garoto mostrava no horizonte nebuloso o ponto aproximado onde o vilarejo estava encoberto.

A criança continuava a olhar para o padre com curiosidade e franqueza.
— Como você se chama, amiguinho?
— Antônio Givre.
— Muito bem! Antônio, você me mostrou o caminho de Ars, eu te mostrarei o caminho do céu.
Antoine explicou então que a divisa da paróquia era exatamente na encruzilhada em que se encontravam. Imediatamente o padre se ajoelhou na direção da aldeia e rezou fervorosamente. E a carroça se pôs em movimento...
Afinal, quem é esse padre?

Ele se chamava João Maria Vianney. Nascido em Dardilly, perto de Lyon, no dia 8 de maio de 1786, três anos antes do começo da revolução francesa. Ele era o quarto de uma família de seis filhos, dos quais os mais conhecidos eram Francisco, futuro herdeiro da propriedade familiar, e Margarida, a companheira de infância de João Maria. Seu pai, Mateus Vianney, um bom camponês, rigoroso no trabalho; sua mãe, Maria Béluse, uma mulher de fé sólida como uma rocha, límpida como água de fonte.

Muito cedo, sua mãe lhe ensinou a amar a Deus; ela lhe mostrava as cruzes, as imagens de Nossa Senhora e dos santos que enfeitavam os quartos.

Um dia em que ela esquecera de fazer o sinal da cruz antes da refeição, João Maria recusou simplesmente tocar em sua sopa, até o momento em que sua mãe, adivinhando a razão daqueles "não" enérgicos, o ajudou a fazer o gesto, sinal do cristão ao qual tanto se apegara o pequeno batizado.

Assim que deu os primeiros passos, aquele pequeno menino costumava imitar os "mais velhos".

À noite, ele se ajoelhava junto a seus pais, quando todos os moradores do vilarejo se reuniam para a oração. Durante todo o dia, ele ia atrás de sua mãe, que lhe ensinou a balbuciar o pai-nosso e a ave-maria e lhe narrava os mais belos trechos da História Sagrada. João Maria gostava principalmente de ouvir o relato do nascimento de Jesus na manjedoura, a adoração dos pastores e dos magos.

Mais tarde ele se lembrará certamente dos bons momentos passados em Dardilly, quando dirá às mamães quão grande era a missão que Deus lhe incumbira: formar os pequeninos no amor de Deus, na oração e na caridade fraterna. Porque essa fraternidade era vivida na casa dos Vianney de pai para filho. A mesa da família estava sempre aberta a todas as pessoas de passagem, peregrinos, mendigos; eles não se contentavam em dar negligentemente apenas um pedaço de pão na porta da casa!

Nas noites, perto da lareira, ele certamente ouvira seu pai falar do hóspede estranho acolhido havia vinte anos na propriedade dos Vianney. Ele chegou uma noite, sujo, esfarrapado, a mochila pendurada no ombro, um rosário em volta do pescoço, uma cruz no peito. Estava indo de Amettes, na região do Pas-de-Calais, em peregrinação até Roma, e se chamava Bento José. No dia seguinte, agradeceu muito aos anfitriões e foi embora, pedindo a Deus que abençoasse aquela casa. Um dia aquele mendigo foi canonizado e ficou conhecido pelo nome de São Bento José Labre.

Conforme crescia, João Maria tomava parte mais ativamente da vida da aldeia. No verão, quando os homens partiam bem cedinho para os campos, ele e sua irmã Margarida iam se juntar a eles um pouco mais tarde, montados em um burro. Que alegria dar cambalhota na grama e organizar jogos aos quais João Maria se consagrava com toda vivacidade. Ele fazia loucas corridas e devia fazer grandes esforços para se controlar. Estava longe de ser um santinho.

De vez em quando havia um desentendimento e os irmãos brigavam. João Maria possuía um lindo terço do qual gostava muito. Margarida, dezoito meses mais nova, começou a cobiçá-lo.
— Dê-me esse terço — dizia ela, pisando forte com o pé.
— Não — respondia João Maria —, ele é meu.
Mas Margarida não desistia. O garotinho correu para sua mãe:
— Mamãe, Margarida quer pegar o meu terço.
— Dê o terço para ela por amor a Deus — disse a mãe. João Maria soltou um suspiro, e... deu seu "tesouro".

Para consolá-lo, sua mãe lhe ofereceu uma imagem de Nossa Senhora, que ele sempre desejou e que ficava em cima da estufa da cozinha. Que alegria! "Eu não sabia mais viver sem ela — dirá mais tarde — e não dormia tranquilo se eu não a tivesse a meu lado em minha cama." Uma noite, João Maria não voltou. Muito preocupada, sua mãe o encontrou no estábulo, de joelhos entre duas vacas. Com a imagem nas mãos, o pequeno orava com todo fervor.

A sra. Vianney assistia sempre à missa matinal. Assim que o sino tocava, João Maria ia ao encontro de sua mãe: "Leve-me, mamãe". Na igreja, sempre eram vistos um ao lado do outro, nosso garoto de 4 anos e sua mãe. Sua mãe lhe explicava os gestos do padre, o significado das orações. João Maria tentava seguir bem, mas às vezes se voltava para olhar sua mãe, cujo rosto refletia sua alegria em falar com Deus. Ele dirá mais tarde: "Se tomei gosto tão cedo pela missa, devo à minha mãe, depois de Deus".

Mas a revolução eclodiu e os padres que quisessem continuar fiéis à Igreja eram obrigados a se esconder, senão eram presos e podiam até ser guilhotinados. Apesar de todos esses perigos, muitos padres continuaram na região de Dardilly. Escondidos cada dia em um lugar diferente, celebravam a missa à noite nos celeiros ou em recintos afastados das aldeias. Os cristãos avisavam o lugar e a hora da próxima missa.

Assim que a noite caía, mamãe e as crianças Vianney saíam. Tomavam atalhos. Muitas vezes a caminhada era longa. Quando chegavam ao local da reunião, o padre, vestido à paisana, os acolhia com grande alegria. Ele começava por confessar aqueles que assim desejavam, enquanto os outros oravam fervorosamente. Depois colocava sobre uma mesa a pedra do altar, um missal reduzido, um cálice ordinário, vestia rapidamente seus paramentos, e a missa começava, enquanto ao redor homens montavam guarda.

Foi durante essas missas noturnas celebradas na clandestinidade que pela primeira vez veio a João Maria a ideia de ser padre. No entanto, o Terror continuava. As cruzes das estradas eram postas abaixo e quebradas; as pessoas tinham de esconder seus crucifixos, suas imagens; mas João Maria conservava sua imagem de Nossa Senhora, ele a levava em seu bolso para o campo. Nessa época tinha 7 anos e fazia pequenos serviços na aldeia, principalmente vigiando o rebanho, composto de um burro, de vacas e ovelhas.

Duas vezes ao dia, com sua irmã Margarida, apelidada de "Gothon", ele conduzia o rebanho para o vale de Chantemerle, banhado por um riacho de vistosas margens e cujas encostas eram alegradas pelos trinados de vários pássaros. João Maria gostava muito desse vale. Assim que chegavam ao local, eles se ajoelhavam, oferecendo a Deus seus trabalhos de pastoreio. Depois pegavam agulhas e lãs e tricotavam meias, enquanto vigiavam atentamente os animais.

João Maria contou para Gothon trechos da História Sagrada e as cenas da vida de Jesus; mas logo lhe disse: "Portanto, faça minhas meias, porque tenho de ir ao riacho para orar". Ele colocou sua imagem no buraco de um velho salgueiro já um pouco podre, a enfeitou com musgo e flores, depois, de joelhos, recitou o terço. Às vezes construía pequenas capelas, ou modelava a argila para fazer imagens rústicas. Ele era hábil em bricolagem!

Sua irmã e ele também cantavam trechos de cânticos que conheciam. Os pastorzinhos das redondezas vinham se juntar a eles. João Maria lhes ensinava as orações que sua mãe ensinara a ele, e contava o que ouvira durante as missas celebradas nas aldeias. Quando acabava o "catecismo", faziam uma pequena procissão. Era um espetáculo ver essas crianças recitando o terço e cantando cânticos atrás de uma cruz pobre feita de dois gravetos de árvore, enquanto as igrejas estavam fechadas, as procissões proibidas!

Então passavam o tempo todo a rezar? Claro que não! João Maria se juntava à mesma turma de crianças para brincar, principalmente jogando malha, que aliás jogava muito bem. Mais tarde, um de seus ex-colegas de jogo contará:
"Quando perdíamos, ficávamos sempre tristes. Ao nos ver assim, ele dizia:
— Então não tinham de jogar!
Mas, para nos consolar, logo nos devolvia o que havia ganho e nos dava sempre uma moeda de consolação".

Em 1795 a queda de Robespierre provocou o fim do Terror. Um "cidadão Dumas" abriu uma escola em Dardilly. João Maria, que tinha agora perto de 9 anos, sentava-se pela primeira vez da sua vida em um banco escolar; mas sua irmã mais velha, Catarina, já o havia alfabetizado. Na escola, ele aprendia leitura, escrita, história, geografia, cálculo; dedicava-se completamente, e seus progressos eram tão rápidos que ao final de algumas semanas já conseguia ler em voz alta a vida dos santos durante as reuniões noturnas familiares.

No entanto, as igrejas continuavam fechadas. Porém, quatro padres vieram se instalar em Ecully, perto de Dardilly. Um deles, sr. Balley, era carpinteiro, outro, sr. Groboz, cozinheiro. Desta maneira, não levantavam suspeitas. Um dia, sr. Groboz foi até à casa dos Vianney, e perguntou a João Maria qual era a idade dele.
— Onze anos.
— Você já se confessou?
— Nunca —, respondeu a criança.
— Então, vamos fazer isso imediatamente —, replicou o padre. E ali, "ao pé do relógio", a criança fez sua primeira confissão que surpreendeu o padre.

Sr. Groboz convenceu então os pais a deixar o filho ir a Ecully completar sua instrução religiosa, para poder fazer sua primeira comunhão. Em maio de 1798, João Maria deixou sua família e foi morar na aldeia "Point-du-Jour", na casa da irmã de sua mãe. Duas religiosas que tinham tido o convento destruído viviam em Ecully. Foram elas que prepararam cerca de 15 crianças para a primeira comunhão. João Maria seguiu fervorosamente o retiro que precedera o grande dia.

Infelizmente voltou a perseguição. O papa Pio VI caiu prisioneiro na França, centenas de padres morreram nos pontões de Rochefort ou foram deportados para a Guiana. A cerimônia de primeira comunhão teve de ser celebrada às escondidas, em uma aldeia em Ecully. Diante das janelas foram colocados montes de feno, e durante toda a cerimônia homens trabalhavam, descarregando mais feno. Como poderiam supor que por detrás havia uma cerimônia cristã digna da época das catacumbas?

As crianças chegavam uma a uma com seus trajes usuais e eram conduzidas para um grande quarto onde as mamães colocavam a braçadeira ou o véu que trouxeram cuidadosamente escondidos por uma capa. As janelas ficavam bem fechadas para que a luz das velas não fosse percebida pelo lado de fora.
João Maria fez sua primeira comunhão com muita fé. Mais tarde, dirá: "Ó meu Deus! Que alegria para um cristão quando, ao se levantar da Mesa Sagrada, vai embora com todo o céu em seu coração".

Assim que a cerimônia terminou, sua mãe tirou-lhe a braçadeira, e João Maria, apertando bem forte seu terço de comunhão que mostrará cinquenta anos mais tarde às crianças de Ars, voltou para Dardilly com seus pais. Estavam encerrados os anos de sua infância, os anos de escola. A partir dali ele teria de se dedicar completamente aos trabalhos do campo e à manutenção da aldeia. De todo modo, ele não era forte e saudável, embora menor de idade?

João Maria se dedicou inteiramente ao trabalho até o fim da perseguição pelo golpe de estado do 18 Brumário e o advento de Bonaparte ao poder. Os trabalhos eram variados: arar a terra, escavar, desmoitar, podar a vinha, varejar as nozes e as maçãs, cuidar dos animais, preparar o feno, a colheita, a vindima…, trabalhos pesados para um rapaz de 13 anos. Mas João Maria era muito corajoso, e quando ele esmorecia um pouco olhava em direção de Ecully, lugar em que ele sabia que Jesus estava sempre presente no sacrário.

"Como é belo se oferecer a Deus em sacrifício todas as manhãs", ele dirá mais tarde a seus paroquianos. E João Maria trabalhava com afinco. Um dia foi para a vinha com seu irmão mais velho. Por mais que avançasse, se apressasse, não havia nada a fazer, o irmão ia muito mais rápido. À noite voltou extenuado, esgotado por ter tentado acompanhar o ritmo de Francisco.

"Mas — disse o irmão mais velho — o que as pessoas iriam dizer se João Maria, que é menor, fizesse a mesma que coisa que eu, que sou mais velho?"

No dia seguinte, tendo recebido uma imagem da Virgem, ele voltou a trabalhar com Francisco. Retomou seu lugar na vinha, beijou a imagem e a colocou o mais distante possível. Depois começou a escavar intensamente até chegar ao local onde estava a imagem. Recomeçou seu gesto, e assim continuou durante todo o dia; no final do dia retornou todo contente à aldeia. "Hoje — disse — consegui acompanhar Francisco e não estou cansado."

Assim, ele continuou a trabalhar em silêncio, louvando Deus por todas as suas criaturas.

Entrementes, a Concordata foi assinada entre o primeiro cônsul Bonaparte e o soberano pontífice. Finalmente a Igreja recobrou a paz, após dez anos de distúrbios. Rey, ex-pároco de Dardilly, voltou do exílio e assumiu seu lugar no vilarejo. Que alegria para João Maria poder rezar na Igreja de sua paróquia! Ele passava frequentemente pela igreja, ou de manhã, antes de ir para o campo, ou à tarde, quando o sino chamava as pessoas para a oração ou uma "bênção".

Desde sua primeira comunhão, João Maria não ia mais ao catecismo, porém desejava conhecer mais a Cristo e sua mensagem. No estábulo onde dormia instalou uma prateleira na qual colocava livros, entre eles o Evangelho e a Imitação de Cristo. À noite, após suas extenuantes jornadas de trabalho, começava a lê-los e a orar, escassamente iluminado por uma vela de resina.

Sabiamente sua mãe lhe pedia para não ficar acordado até tarde. João Maria obedecia. Mas isso não o impedia de refletir. Cada vez mais forte, sentia crescer nele o desejo de ser padre, ele vivia o "Siga-me" lançado por Jesus a seus apóstolos. Pensava nas inúmeras paróquias sem padre depois do abalo da revolução, evocava as missas noturnas nos celeiros, a miséria das pessoas que não tinham ninguém para pedir conselho, lembrava-se de sua primeira comunhão; sim, ele queria ser padre, ele será padre.

Mas como fazer? Ele tinha 17 anos, nada sabia de latim, e seus estudos foram deixados para trás... E sua mãe? E seu pai?
João Maria falou primeiramente com sua mãe. Ela chorou de alegria e o abraçou. Mas o pai continuava inflexível. Nem as razões apresentadas pelo jovem, nem as súplicas da mãe tiveram efeito sobre sua decisão. Recentemente tinham feito grandes despesas, iam precisar dos braços sólidos do rapaz. E também como fazer para sua instrução?

A provação durou cerca de dois anos. João Maria se calou dolorosamente, continuou seu trabalho com a mesma dedicação, mas não renunciou à sua ideia.

Nesse exato momento, o padre Balley, pároco de Ecully, grande apóstolo e santo padre, abriu uma escola na casa paroquial para formar futuros padres. João Maria voltou a ter esperanças, sua mãe também, e ambos foram falar com o pai, que dessa vez não ousou mais negar. "Já que João Maria insiste — ele disse — não devemos mais contrariá-lo."

Maria Vianney e sua irmã Margarida Humbert foram imediatamente para Ecully encontrar Balley. Elas lhe contaram sobre a juventude de João Maria e como ele foi tomado pela ideia de se tornar padre. Balley não o aceitou imediatamente, alegando que a escola já estava completa, e ele estava assoberbado de obrigações… Mas elas insistiram, suplicaram-no para aceitar, pelo menos para ver o rapaz. O pároco aceitou, e João Maria foi acompanhado de sua mãe. O padre o olhou longamente, interrogou-o, e finalmente, o abraçou, dizendo: "Fique tranquilo, meu amigo, eu me sacrificarei por você se for preciso".

Então João Maria foi para Ecully, e mais uma vez ficou hospedado na casa de sua tia, no "Point-du-Jour". Ele se contentava com uma sopa ao meio-dia e outra à noite, tentando obter a bênção do Senhor para seu trabalho mediante penitências. Porque se seu amor por Deus e pelos pobres aumentava, o estudo estava muito difícil. Havia muito tempo que deixara a escola, e sua memória estava enferrujada. O latim era muito exigente. Por mais que trabalhasse obstinadamente durante a noite, no dia seguinte de manhã tudo se evaporava.

Alguns de seus colegas o ajudavam o máximo que podiam, sobretudo um jovem chamado Matias Loras. Mas Matias era nervoso. Um dia, irritado de ver que João Maria não conseguia compreender apesar de suas repetidas explicações, ele o esbofeteou em presença de outros alunos. João Maria se ajoelhou humildemente diante dele e lhe pediu perdão; lamentando seu gesto, Matias abraçou seu colega. Nunca mais aquele que se tornaria Dom Loras esqueceria esse gesto e a amizade que daí brotara.

Mas o latim continuava sendo o entrave. Dessa maneira, o desânimo tomou conta dele. Ele reviu em pensamento seus campos, sua casa, seus trabalhos na fazenda: "Como era tão mais fácil". Foi ao encontro do pároco para lhe dizer: "Vou voltar para minha casa". Balley o acolheu com afeição e o encorajou a não desistir. João Maria voltou para seus livros, mas decidiu fazer uma peregrinação a La Louvesc, ao túmulo de São Francisco Régis, para pedir ajuda ao santo em seus estudos.

Uma centena de quilômetros separava Ecully de La Louvesc. Com o rosário em uma das mãos, o cajado em outra, João Maria partiu, tendo sido mal recebido em muitas aldeias. Comendo grama, bebendo água das fontes, dormia ao relento, chegou em La Louvesc, se ajoelhou diante do túmulo do santo, suplicando-o para "lhe conceder a graça de aprender latim para fazer sua teologia".

A partir daí progrediu muito, a ponto de não se deixar abater, e os livros não lhe causaram mais desgosto.

Em 1807 João Maria recebeu em Ecully mesmo o sacramento do crisma das mãos do cardeal-arcebispo de Lyon. Ele escolheu como padroeiro do crisma São João Batista, o precursor de Cristo; durante toda sua vida, esse padroeiro será um de seus santos preferidos. João Maria não queria ser como João Batista, o humilde servidor que preparava as almas para encontrar e acolher Deus em sua vida? A partir daí, às vezes ele assinará "João-Maria Batista", ou "João-Batista-Maria".

Outro obstáculo iria surgir repentinamente no caminho do sacerdote. Em 1809 João Maria recebeu a convocação para se alistar ao exército. Napoleão fazia guerra em duas frentes ao mesmo tempo: na Espanha e na Áustria. Precisava de homens! Na verdade, na diocese de Lyon os futuros padres eram dispensados do serviço militar, e João Maria fora convocado equivocadamente. Mas nada havia a fazer, ele deveria partir e deixar em suspenso seus estudos! Ele ficou doente, hospitalizado durante um breve período antes de se dirigir ao centro de Roanne, e de lá partir para a Espanha.

Ficou doente novamente. Ainda convalescente, soube que deveria partir no dia seguinte. Antes de ir pegar seu alistamento, entrou em uma igreja para confiar ao Senhor todas as suas preocupações. Cansado, ele esqueceu da hora. Ocupado em orar, chegou depois da partida do destacamento. No dia seguinte, colocou a mochila nas costas e foi sozinho tentar alcançar a retaguarda. Mas logo para, extenuado; conduzido por um homem, ele passaria a noite no vilarejo de Noës. O prefeito o convenceu de ficar lá; como ele poderia agora se juntar ao contingente?

Ele permaneceria cerca de um ano nesse lugarejo, na casa de Claudine Fayot, mulher generosa, trabalhadora, pronta para acolher todos os infelizes. Ali ensinou as crianças à noite, aparecendo pouco durante o dia, procurando ajudar em torno de si. Como o ócio lhe pesava, mandou vir seus livros de estudo, visando à preparação de seu sacerdócio. Finalmente, em 1810 chegou-lhe a notícia de que podia voltar: o imperador, por ocasião de seu casamento com Maria Luísa, publicara um decreto amplo de anistia.

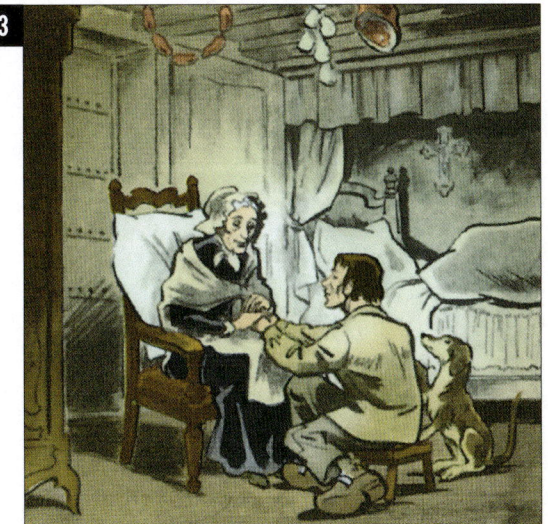

O mais novo dos irmãos Vianney, Francisco, chamado de "Caçula" para distingui-lo do mais velho, se comprometeu em substituir seu irmão no exército. João Maria foi logo embora de Noës, e todos choraram sua partida; eles ofereceram para seu enxoval de futuro padre uma batina que ele experimentou imediatamente.

Chegou em Dardilly ainda a tempo de rever sua mãe. Cansada por tantas provações, ela morreu algumas semanas depois, com 58 anos. João Maria nunca esquecerá aquela que lhe inspirou a alma cristã e lhe ensinou a generosidade que iria conduzi-lo até a santidade.

João Maria voltou imediatamente para Ecully. A partir daí foi morar na paróquia, atuando como jardineiro durante o tempo de descanso, como sacristão e como coroinha na igreja. O trabalho progrediu, e no dia 28 de maio de 1811 João Maria recebeu a tonsura. Foi o primeiro passo rumo ao sacerdócio. Inútil descrever a alegria de todos, sobretudo a do padre Balley, que acreditara nele, apesar de todos os obstáculos. Lá do céu, seguramente a mamãe Vianney deve ter também participado da felicidade de seu filho.

No ano seguinte, João Maria partiu para o pequeno seminário de Verrières, perto de Montbrison. Ali havia um professor mais jovem do que ele, colegas que riam quando ele não entendia. "Em Verrières — dirá mais tarde — sofri um pouco." Porém encontrou um colega, Marcelino Champagnat, que como ele tinha dificuldades para estudar. Mais velhos que os outros alunos, logo se simpatizaram e se tornaram grandes amigos.

Ambos se reencontraram em outubro de 1813 no seminário Saint-Irénée. As aulas eram dadas em latim, o que dá para imaginar as dificuldades do pobre jovem. No final de seis meses, ficou sabendo que não poderia ser mantido ali... Que sofrimento para João Maria! O que fazer? Por um momento pensou em se tornar Irmão das Escolas Cristãs, mas o padre Balley, que tinha vindo revê-lo em Ecully, o dissuadiu de sua ideia e pediu que ele fizesse um último esforço antes de se afastar do caminho do sacerdócio.

O bondoso padre de Ecully e o seminarista voltaram a trabalhar. O padre Balley lhe dedicava a maior parte de seu tempo e ousou apresentá-lo aos exames das ordens menores. Diante dos examinadores, João Maria se atrapalhou e deu respostas erradas, deixando-os perplexos diante da decisão a ser tomada. O padre insistiu, obteve o favor de um novo exame; desta vez houve grande satisfação diante das respostas do candidato. Consultado, o vigário-geral perguntou:
— Ele é piedoso?
— Um modelo!
— Pois bem. Eu o admito, a graça de Deus fará o resto.

No dia 2 de julho de 1814, João Maria recebeu as ordens menores e o subdiaconato; passou o último ano de seu seminário junto de seu querido padre em Ecully; foi ordenado diácono em 23 de junho de 1815, e no dia 9 de agosto do mesmo ano foi para Grenoble, onde no dia 13 de agosto finalmente foi ordenado padre. Foi o único a receber o sacerdócio. Mas quando pediam desculpas ao bispo por tê-lo incomodado por uma única ordenação, o bispo respondia: "Não é muito difícil ordenar um bom padre".

Então, ali estava ele, com 29 anos, no final de um longo caminho! Apesar de todos os obstáculos de sua parte, de seu pai, das circunstâncias resultantes da guerra, João Maria se tornou padre, graças à sua mãe, graças ao padre de Ecully, e sobretudo graças a Deus que o apoiou, ajudou, guiou através de tudo. "Oh! Ser Padre é algo grandioso", exclamava sempre.

No dia seguinte, o pastorzinho de Chantemerle subia ao altar para celebrar sua primeira missa, oferecendo por intermédio de Cristo toda sua vida a serviço do Pai.

Após ter celebrado a missa em Grenoble, voltou imediatamente para Dardilly, onde seu grande amigo lhe deu uma boa notícia: ele foi nomeado vigário de Ecully. Muito rapidamente o padre Vianney obteve os poderes de confessar, e o primeiro que se ajoelhou diante dele foi seu pároco. Ambos viverão juntos na oração, no sacrifício e no apostolado. O jovem vigário nada tinha que lhe pertencia, tudo era distribuído aos pobres; até as roupas novas que lhe eram oferecidas, ele as trocava pelos pobres farrapos dos miseráveis.

À época em que era vigário de Ecully, ele viu pela primeira vez aquela que iria fundar a obra de Propagação da Fé: Pauline Jaricot. O encontro ocorreu em um salão ricamente decorado e com poltronas de seda, onde nosso amigo da pobreza não se sentia à vontade. Mas assim que viu Pauline modestamente vestida sua atitude mudou. O olhar grave da jovem, seu sorriso bondoso, fizeram que ele logo entendesse que estava diante de uma alma forte, pronta para se consagrar à obra de Deus. Uma profunda simpatia brotou entre essas duas almas de elite.

O pároco não demorou em ficar doente. Uma ferida na perna impedia a circulação do sangue. Apareceu a gangrena. Ele se confessou pela última vez a seu vigário, recebeu dele o viático, a extrema-unção, deu-lhe seus últimos conselhos, e morreu na grande paz de Deus, em 17 de dezembro de 1817. O padre Vianney perdia assim o amigo que sempre o apoiara e mostrara através de seu exemplo o caminho a ser seguido para se tornar um santo.

No dia 4 de fevereiro do ano seguinte, padre Vianney recebeu a visita do vigário-geral, Courbon.
— Padre, o senhor irá embora de Ecully.
— Como desejar, Courbon.
— Sim, o senhor foi nomeado pároco de Ars, na região de Dombes. A paróquia ali não é muito rica. As pessoas não ligam muito para o bom Deus. O senhor terá bastante dificuldade, mas fará com que elas amem a Deus, não é mesmo?

No dia 9 de fevereiro, o padre Vianney, acompanhado por uma valente senhora, Bibost, que se ocupará dos afazeres domésticos, partiram para a nova paróquia.

Nós o reencontramos no momento em que ele encontra o pastorzinho, Antônio Givre, que lhe indicou o caminho. Um pouco mais tarde, o novo pároco de Ars vislumbrou o vilarejo, "alguns esparsos casebres em torno de uma pobre capelinha". Ele se ajoelhou, e inspirado por Deus murmurou: "Essa paróquia será pequena para conter todos aqueles que virão mais tarde". Quando entraram no vilarejo, a primeira visita foi à igreja; depois, ajudado por Bibost, o padre descarregou a carroça e entrou na casa paroquial.

A partir daí, para todo mundo ele será o pároco de Ars.

Ars! Era então um pequeno lugarejo, a 35 quilômetros ao norte de Lyon. Possuía cerca de 60 famílias, a maioria delas habitava as aldeias modestas nessa terra, fronteira com o planalto de Dombes. Durante a Revolução, a Igreja serviu de local para as reuniões revolucionárias. A fé tinha diminuído em toda a região, mas continuava bem viva entre algumas famílias: a do prefeito Mandy, os Cinier, Lassagne. A castelã, srta. des Garets, conhecida como Senhorita d'Ars, dava igualmente o bom exemplo.

O pároco se pôs imediatamente a trabalhar, começando por retirar da casa paroquial as cadeiras, poltronas, a cama com baldaquino e os outros móveis ali encontrados, e os devolveu à des Garets, que os havia doado para decorar a casa.
— Mas o que vai sobrar para o senhor, padre?
— Não se preocupe, trouxe meu mobiliário comigo.

E o pároco entrou em sua casa, feliz por ter se livrado de todas aquelas riquezas.

No dia 13 de fevereiro de 1818 ele estava oficialmente instalado. Quase todos os paroquianos estavam lá e observavam curiosamente seu novo pastor. O padre deles não tinha boa aparência: um pouco desajeitado, estatura mediana, uma batina surrada e pesados sapatos grosseiros. Mas quando os auxiliares o viam no altar celebrando a missa, compenetrado, com gestos precisos e orando com muito fervor, diziam entre si: "Temos uma igreja pobre, porém temos um padre santo".

Assim que começou a visitar seus novos paroquianos, padre Vianney percebeu que, ao lado de belas almas, havia em Ars muitas pessoas que estavam longe de viver segundo a vontade de Deus. Uma grande quantidade não comparecia à missa dominical; outras trabalhavam durante o dia do Senhor; os jovens, sobretudo as mulheres, gostavam de dançar, de bailes, e perdiam o sentido de Deus. Bebia-se muito, faziam juras sem parar, enfim, evitava-se saber muito para não ter de fazer muito esforço para servir melhor a Deus.

O novo pároco começou então a se dedicar à sua única tarefa: converter sua paróquia. Mas como? Primeiramente pela oração. Enquanto o vilarejo ainda dormia, padre Vianney já estava de pé, e da casa paroquial passava furtivamente para a igreja com uma lanterna na mão. Ele se prosternava diante do altar, e durante horas suplicava o Senhor para ter piedade desses paroquianos. À tarde passeava pelos campos, conversando com os camponeses, e não deixando de louvar a glória de Deus pelas belezas da natureza.

À oração acrescentava a penitência. Ele deu seus colchões para os pobres, junto com a cama, e passava suas breves horas de sono ou sobre um monte de gravetos recobertos, ou no sótão, no chão, com a cabeça apoiada em uma viga.
  Muitas vezes essa penitência não lhe bastava; antes de se deitar, açoitava o corpo em lembrança das chicotadas que rasgaram o corpo de Jesus. E, enquanto se flagelava, pedia a Deus para ter piedade dos pobres pecadores.

Para suas refeições, era a mesma coisa. De manhã comia apenas um pedaço de pão...quando não esquecia de comê-lo. Ao meio-dia e à noite, uma ou duas batatas frias, às vezes uma terceira "pelo prazer", acrescentava maliciosamente! E, para não perder tempo, cozinhava todas de uma vez para a semana em uma panela de ferro que até hoje a vemos em Ars. Às vezes a batata era substituída por um ovo cozido na brasa ou por panquecas de trigo sarraceno conhecidas na região como *matefaims*.

Um dia, a irmã Margarida foi visitá-lo. Enquanto seu irmão estava na igreja, ela lhe preparou alguns *matefaims*. Ele gostava tanto quando morava em Dardilly! Depois pegou dois pombinhos e os assou no espeto.
Quando o padre voltou, viu os pombinhos: "Pobrezinhos! — disse seriamente. Eu queria me livrar deles porque causavam danos aos vizinhos, mas não era para cozinhá-los!" Ele se recusou a comê-los e se contentou com uma panqueca.

Ele se infligia todos esses sacrifícios extraordinários para lutar contra o demônio e expiar os pecados cometidos na paróquia. "Eu obtinha do bom Deus tudo que eu queria para mim e para os outros", confessará a um de seus amigos.
É digno de amor esse padre que aceitou sofrer, como o Cristo, para vencer o pecado e salvar os homens! "O padre é um outro Cristo"... Isso é válido para a vida do pároco de Ars.

Padre Vianney começou o embelezamento de sua igrejinha. Por onde começar? Pelo altar-mor evidentemente, pois é ali que se renova o sacrifício de Jesus, é ali que a missa, ponto central da religião, é celebrada. O antigo altar-mor de madeira foi substituído por um novo, que o próprio padre pagou e queria que fosse o mais bonito possível. Com o coração cheio de alegria, ajudou os operários a erguê-lo, e foi para Lyon a pé para comprar duas cabeças de anjo que ele colocaria em cada lado do sacrário.

Depois do altar, a "faxina do bom Deus", como ele gostava de chamar com o seu belo sorriso, tomou conta dele. Um dia foi a Lyon com a srta. d'Ars e visitou as lojas para comprar um paramento de missa. Mas, diante de todos aqueles que lhe eram apresentados, ele exclamava: "Nenhum é suficientemente bonito para Deus…".

Até hoje em Ars é possível apreciar todos os elementos decorativos que Vianney comprou para sua igreja e para a beleza dos ofícios divinos.

Um campanário de tijolos substituiu o antigo de madeira todo carcomido; uma primeira capela foi erguida em homenagem a Nossa Senhora, o teto da igreja foi refeito, uma segunda capela foi construída em homenagem a São João Batista. É nessa capela, à esquerda da nave, que se encontra o confessionário onde milhares de pecadores vinham se ajoelhar para encontrar a paz, e muitas vezes a fé. Pouco a pouco, toda a pequena igreja se transformou, tamanho era o amor do pároco pela casa do bom Deus.

Mas todas essas transformações exigiam grande soma de dinheiro. Ars era pobre e tinha poucos habitantes; os cristãos davam o que podiam, a municipalidade também, mas isso não bastava. Por mais que o pároco negligenciasse seu tratamento e contribuísse com uma parte da herança, isso ainda não era o suficiente. Um dia, devia pagar ao carpinteiro quinhentos francos (grande quantidade para a época). Ele não tinha nenhum centavo. Uma mulher o abordou na rua:
— O senhor é o pároco de Ars?
— Sim, senhora.
— Aqui estão 600 francos para suas boas obras…

Padre Vianney encontrou um contribuinte magnífico na pessoa do irmão da srta. d'Ars, o visconde des Garets. De Paris, ele enviava estandartes, trajes litúrgicos de seda e em tecido de ouro, relicários, um sacrário em cobre dourado. Encomendou um dossel para o qual o padre foi pessoalmente a Lyon escolher o tecido. O generoso doador ajudou igualmente a transformar a entrada da igreja, substituindo a escadaria em espiral por outra precedida por duas largas rampas.

Quando recebia as caixas enviadas pelo visconde des Garets, o padre ficava louco de alegria. Ele ria e chorava ao mesmo tempo, chamava todo mundo: "Venham ver, venham ver essas belas coisas".
E assim que os paroquianos estavam reunidos, as caixas eram abertas. "Como é bonito — exclamava o padre Vianney — mas no céu tudo será mais bonito ainda."

Como fazer para que seus paroquianos amassem a Deus? Essa foi sua preocupação desde a chegada. "Para amá-lo — ele dizia — eles têm de conhecê-lo. E muitos não o conhecem". A revolução havia passado por lá, poucos jovens frequentavam o catecismo. Portanto, seria preciso começar a instruir as crianças.
Mas elas trabalhavam nos campos e deviam vigiar os animais desde a idade de 6 ou 7 anos. Anteriormente não tinha acontecido a mesma coisa com ele?

Padre Vianney não titubeou. Como as crianças iam à escola no inverno, decidiu dar o catecismo às 6 horas da manhã. Como muitos não sabiam ler, o padre enriquecia suas lições com relatos extraídos da História Sagrada e do Evangelho. Devido à repetição, as crianças acabavam por aprendê-los de cor. E, quando não prestavam atenção à aula, eram repreendidos com um tapinha na bochecha. "Oh, não havia maldade, era tão suave", contará mais tarde um de seus alunos.

O catecismo acontecia todos os dias; então as crianças de Ars acabaram sendo os melhores conhecedores de toda a região em instrução religiosa. Além disso, aos domingos, antes das Vésperas, havia um catecismo aberto aos adultos. A frequência crescia a cada ano. O padre se instalava no púlpito, e de lá falava de Deus para a multidão reunida para ouvi-lo, chegando mesmo a roubar o manual do padre Vianney para ter uma lembrança dele. "Ele nos faz viver Deus", dirá mais tarde um de seus fiéis ouvintes.

O sermão de domingo criava outro problema. Durante a semana, padre Vianney pensava no que iria dizer a seus fiéis. Ele se instalava na sacristia, estudava os livros, ia orar diante do altar-mor, voltava à sacristia, e em pé começava a rabiscar páginas e mais páginas. Algumas vezes chegou a passar sete horas seguidas trabalhando em seu sermão.

F altava aprendê-lo e transmiti-lo. Na noite de sábado para domingo, os transeuntes o ouviam repetir em voz alta tudo aquilo que iria dizer dali a poucas horas. Sua memória, tão rebelde em relação ao latim, continuava falha diante das dezenas de páginas escritas durante a semana. Quando não podia mais, se sentava no chão, as costas apoiadas em um móvel, e adormecia alguns instantes antes de recomeçar seu trabalho de memória.

A pesar de todos os esforços, quando chegava ao púlpito, acontecia de se perder, de não mais encontrar as frases a serem ditas. Mas isso não o desestimulava. Ele gostava de falar do céu, da bondade de Deus e dos esforços que todos devem fazer como preparação para um dia entrar no céu. O padre tinha uma fé tão profunda, que às vezes começava a gritar. "Quando eu prego, eu falo aos surdos — dizia sorrindo —, mas, quando eu rezo, eu falo com Deus, que não é surdo."

H avia muitos obstáculos que impediam os habitantes de Ars de amar realmente a Deus. Primeiramente os bares. Para duzentos habitantes, Ars possuía quatro. Aos domingos, após terem trabalhado durante a manhã, as pessoas colocavam suas "roupas de domingo", e iam passar o resto do dia jogando e bebendo.

"O bar — dizia o padre — é o lugar onde os casais se arruínam, a saúde se altera, as brigas começam e onde os crimes são cometidos."

Padre Vianney se referia constantemente a isso em seus sermões. Logo os bares começaram a ficar vazios. O dono de uma dessas casas comerciais foi um dia se queixar que estava arruinado. O padre deu-lhe dinheiro, e ele mudou de profissão. Ao longo de alguns anos, os bares fecharam e deram lugar a hospedarias para os peregrinos. Graças aos esforços do padre, foi desse modo que a miséria diminuiu na região, e as brigas acabaram nos lares das famílias.

Padre Vianney combateu igualmente o trabalho aos domingos. "Esse dia — dizia ele — é de Deus, é o dia dele, o dia do Senhor!" Quando falava desse assunto, o padre tinha lágrimas nos olhos, porque sabia que a maioria dos seus paroquianos trabalhava aos domingos. Depois das Vésperas, ia sempre dar uma volta pelos campos, e aqueles que o encontravam se sentiam incomodados por terem sido pegos em flagrante delito de desobediência à lei do Senhor.

Foi assim que um dia ele viu vir em sua direção uma carroça com feixes de feno. Mas sem condutor, que se escondera atrás da charrete assim que vira o padre. Porém, como o bom pastor reconhecia os cavalos, chamou o homem pelo nome e lhe disse: "Meu amigo, você ficou surpreso de me encontrar aqui… mas Deus sempre vê você…" O camponês foi aos poucos deixando de trabalhar aos domingos, e toda a população fez a mesma coisa, de modo que os paroquianos de Ars puderam descansar e dedicar mais tempo ao Senhor.

Outro costume contra o qual o padre de Ars lutou obstinadamente foi o baile. Ele sabia que o baile era a causa de muitos pecados. Sabia que aqueles que tinham frequência assídua eram raramente capazes de generosidade. Por isso, era intransigente e mesmo duro sobre esse ponto. Um dia de festa, ele foi ao encontro do violeiro: "Quanto você ganha para tocar no baile?", perguntou-lhe. E lhe deu a soma combinada, e mais a metade… e os bailarinos esperaram a noite inteira pelo músico que tinha voltado para a casa, bem contente com o seu dia.

O padre não admitia o menor pecado: "Isso ofende muito ao bom Deus", dizia ele, com a fisionomia sofrida. Para evitar o pecado, é preciso destruir a causa. Um dia, notou que gatunos vinham a seu jardim pela cerca viva, e roubavam os frutos das árvores plantadas. Roubar. Era preciso impedir isso. Não importa como, pensou o padre. E mandou cortar todas as árvores do jardim. Decisão heroica, embora não exemplar.

Ars começou a se transformar pouco a pouco. As jovens se reuniam muitas vezes para orar e se divertir juntas. Os homens, agrupados na Irmandade do Santíssimo, se reuniam também entre eles. Alguns tinham uma fé tão arraigada, que nem mesmo as perseguições da Revolução conseguiram enfraquecê-la. A tal ponto que, em 1823, dois terços da paróquia foram em peregrinação a Fourvière, fazendo a viagem de barco de Trévoux até Lyon, e subindo a pé a colina de Fourvière.

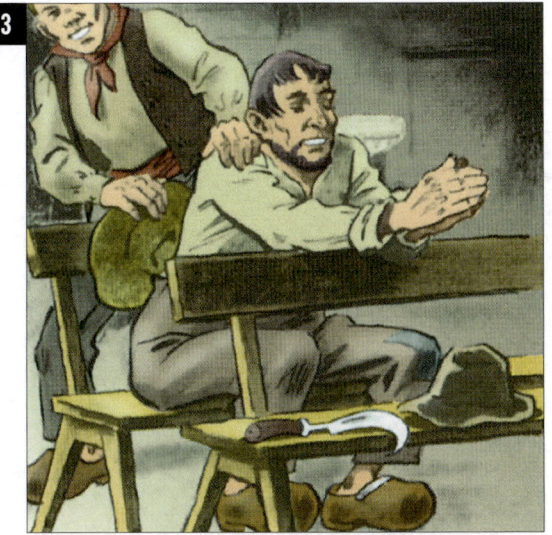

Entre esses homens, havia um, Luís Chaffangeon, cuja história o padre gostava de contar durante o catecismo. Um dia, enquanto caminhava para o trabalho, Luís entrou na igreja para rezar. Surpreso por não vê-lo no campo, um vizinho passou pela igreja, e, vendo que Luís continuava lá, perguntou-lhe:
— O que você está fazendo aí?
— Oh! — respondeu Luís —, estou vendo o bom Deus e ele me vê.
Em outras palavras: "Eu olho para ele e ele olha para mim."

Em 1828, sentindo-se extenuado, padre Vianney pediu ao bispo de Belley para ser transferido. Os moradores de Ars ficaram desconsolados. Iriam perder, então, o bom padre! Logo se reuniram; uma delegação partiu para Belley, onde o bispo havia aceitado o pedido do padre e o tinha nomeado para Farins, uma grande paróquia vizinha perto das margens do rio Saône. Mas essa paróquia era muito dura: mais da metade dos moradores eram hereges. O padre não se sentia tão forte para tamanha tarefa: ele recusou o cargo. O bispo não insistiu, pois conhecia bem esse homem. Padre Vianney ficou em Ars.

A alegria tomou conta dos moradores, que tanto amavam seu padre. Eles também sabiam que o amor era recíproco. Ele se interessava pela vida deles, preocupando-se com a saúde deles, falando com eles sobre os trabalhos, as colheitas, contente de seus êxitos, sofrendo com eles diante das dificuldades, e dando-lhes coragem pelo exemplo e pelas palavras. "Ele é o bom pastor que conhece todas as suas ovelhas e sabe o nome de cada uma delas." E isso era algo que ele havia vivenciado durante a juventude.

No entanto, seu severo apostolado esbarrava em dificuldades. Alguns se rebelavam contra suas exigências, caluniavam-no, cobriam-no de injúrias, chegando mesmo a colocar frases odiosas na porta da casa paroquial. Mas pessoas sinceras o defendiam, até mesmo os incrédulos.

Um dia um médico de Trévoux, sr. Thiébault, tomou publicamente a defesa do padre Vianney em um café, onde um grupo de homens se divertia em falar mal dele.

No entanto, essas mentiras constituíam uma minoria. A maioria dos paroquianos, ao contrário, reencontrara o caminho que leva a Deus. Mais justiça, mais amor entre as famílias, era o que se via em Ars. O hábito da oração em comum se desenvolveu nos lares, até o momento em que todas as noites as preces eram feitas na igreja. A partir daí, no final de um dia de trabalho, homens e mulheres, jovens e idosos, iam à igreja para juntos rezarem ao Senhor.

Quando o padre Vianney chegou em Ars, não havia escola no sentido genuíno da palavra. De modo que ele começou logo a trabalhar nisso. Duas jovens iniciaram a formação de professoras: Catarina Lassagne e Benedita Lardet. Arranjaram uma casa perto da igreja, e a partir de 1824 a escola das meninas foi aberta; as duas professoras não recebiam nada pelo trabalho. A escola progrediu tanto, que as meninas vinham de todos os cantos das imediações, a ponto de ter de transformar o sótão em dormitório.

Mas havia as órfãs. O padre as encontrou em Ars e nos arredores, e tomado de compaixão por elas, decidiu fazer algo. Ele comprou um pedaço de terreno contíguo à escola e construiu um local ao qual deu o nome de "Providência". Ele próprio se juntou aos operários: trazia pedras, transportava a argamassa ou a madeira de construção, e seu exemplo levou os outros a imitá-lo, embora a "Providência" tenha durado muito pouco.

As órfãs afluíam rapidamente; logo contavam mais de 60, desde os bebês até as jovens de 18 anos. Um dia, padre Vianney levou até Catarina Lassagne uma menininha encontrada na estrada. Ele disse:
— Receba essa criança enviada pelo bom Deus.
— Mas, Seu Padre, não temos mais camas...
— Ah, vejamos, ainda há a sua.
E Catarina abriu a "Providência" para essa nova hóspede, confiante em Deus e nesse padre incansável.

Alimentar todo esse povo não era fácil, porque o orfanato era gratuito. O padre pôs ali todo seu dinheiro, vendeu seus móveis, e pedia doações; mas isso não era o bastante. Um dia, não sobrando mais quase nenhuma farinha, Joana Maria Chanay, encarregada dos pães, foi ao encontro do padre para lhe contar sua aflição. Ele respondeu: "Reze e faça o seu pão". E quanto mais ela trabalhava a massa, mais ela crescia até encher totalmente o amassador! "Deus é muito bondoso", disse simplesmente o padre.

A "Providência" serviu mais uma vez de testemunho para outro milagre. Em 1829, ano em que a colheita foi péssima, o abastecimento de trigo guardado no sótão da casa paroquial estava quase zerado: restava apenas alguns punhados espalhados pelos sulcos do chão. O que fazer? Mandar as órfãs embora?
"Nunca — disse o padre Vianney — temos de conservar todas." E ele solicitou às crianças pedirem ao Senhor o "pão de cada dia".

Ele próprio pegou uma vassoura, recolheu em um montinho os grãos que haviam sobrado, e colocou bem no meio do monte uma relíquia de São João Francisco Régis, ao qual tinha orado um pouco antes em Louvesc. Depois começou a orar e esperou: "Joana Maria — disse após certo tempo —, vá buscar o trigo que está no sótão".

Joana Maria subiu imediatamente. Mas o que estava acontecendo? A porta oferecia resistência para abrir, o trigo escorria pela fresta da porta, um trigo que não tinha a mesma cor que o antigo.

Joana Maria desceu correndo para chamar o padre Vianney.
— Seu padre, venha rápido, o sótão está cheio!
— Como assim, cheio?
— Sim, venha ver com seus próprios olhos.

Eles subiram de novo. E de fato o sótão estava repleto como nunca estivera. O trigo cobria completamente o piso, a ponto de se perguntarem como aquelas vigas velhas não cederam com o peso... As órfãs podiam continuar, teriam pão para comer.

Durante muitos anos, todos os dias o padre Vianney visitava a "Providência". Almoçava ali: leite e um pouco de sopa numa vasilha de barro. Depois ficava um pouco com as meninas no recreio. Ele as escutava tagarelar e contava-lhes belas histórias extraídas do Evangelho e da vida dos santos. E ao mesmo tempo reconfortava as meninas, que carregavam a pesada carga da orfandade.

As meninas aprendiam a ler e a escrever, bem como tudo o que era necessário para uma mulher da época: costurar, reformar as roupas, tricotar, lavar, passar a ferro. Algumas chegavam a aprender a fiação. Quando deixavam a Providência, tinham uma posição dada pelo Seu Padre; este dava-lhes mesmo um pequeno dote e uma parte do seu enxoval quando se casavam.

Ele não passava todo seu tempo na Providência. Também gostava de visitar as famílias. Geralmente chegava de improviso, na hora do almoço, quando as pessoas estavam comendo; sentava-se à mesa, aceitava uma batata e não recusava provar um pouco de vinho para brindar a saúde de toda a família. E a conversa se estendia sobre os trabalhos, as alegrias e as infelicidades do lar, o padre sempre esclarecendo todas as coisas do ponto de vista de Deus e de seu Evangelho.

Durante esse tempo a vida se transformava em Ars. Antes da chegada de Vianney, burlava-se o peso e a qualidade das mercadorias — por exemplo, vendendo como frescos ovos com validade vencida. Pouco a pouco a honestidade começou a crescer, e nos mercados não se admitia o menor deslize. Foi o que aconteceu ao pequeno Benedito Trève, que, ao furtar uma pera em uma barraca, foi obrigado pela mãe a levar a fruta de volta e pedir desculpa com as mãos postas atrás das costas.

Vianney zelava por todos os ofícios litúrgicos. Havia um grande grupo de coroinhas que ele mesmo tomava sob sua incumbência. Toda semana os reunia para preparar a missa do domingo; era um prazer vê-lo ensaiar com fervor as cerimônias com essas crianças. A missa era tão bem celebrada, que servia de referência para o bispo e os padres pela beleza dos ofícios.

Uma das festas tinha um brilho excepcional: Corpus Christi. O padre se dedicava completamente a ela. Nada era mais belo: as ruas eram forradas de flores, com bordas de auriflama e pontilhadas de arcos de triunfo. Até o fim de sua vida, padre Vianney levava o ostensório; o ano anterior à sua morte, ele o levou durante duas horas, embora estivesse esgotado pelo peso esmagador. Um dia alguém lhe perguntou na volta da procissão:
— O senhor deve estar bem cansado, não é, Padre?
— É assim mesmo — respondeu. — Aquele que eu carregava, me carregava também.

Os estrangeiros que passavam por Ars deixavam contrariados a cidade abençoada de Deus. As pessoas pareciam tão felizes ali! Mesmo os moribundos se sentiam alegres: "Eu a verei, essa Mãe querida", disse Luís Chaffageon em seu leito de agonia.

Uma singular proteção parecia pairar sobre o vilarejo. A srta. d'Ars gostava de dizer que nenhuma tempestade devastou a comunidade durante o ministério de Vianney. Ele orava tanto para que seus paroquianos fossem protegidos dos flagelos da natureza!

Desse modo, não é difícil imaginar que o demônio ficasse descontente. Ele deixava isso claro ao padre, atormentando-o durante muitos anos. Durante noites inteiras, ecoavam pela casa paroquial ruídos estranhos. Como se a porta estivesse sendo golpeada com pauladas, as cortinas sendo rasgadas, ouviam-se rugidos, passos pesados no sótão... às vezes, o demônio se dirigia ao padre: "Ha! Há!, Vianney você ainda não morreu, eu gostaria de pegá-lo".

Durante trinta anos Vianney conheceu essa vida infernal. Parecia que Satanás, o "azucrim" como gostava de chamá-lo, queria esgotá-lo para impedi-lo de completar seu ministério. Mas o padre notou que o demônio ficava furioso principalmente quando grandes pecadores vinham para Ars se confessar e mudar de vida: "Azucrim está raivoso. Melhor assim. Provavelmente são pecadores que estão vindo para Ars".

Finalmente *azucrim* teve de capitular. O pároco de Ars pôde passar em paz seus últimos meses de vida; a força de Deus nele sobrepujou o tentador. Mas dá para entender que Satanás tenha procurado fazer tudo para romper a ação de Vianney. Porque o prestígio daquele que todos chamavam de "santo" aumentava, e as multidões começavam a acorrer para Ars.

Viajantes se amontoavam na estação de Lyon-Perrache. Muitos se dirigiam para um escritório especial aberto em permanência. Era para uma viagem turística? Não! O escritório emitia passagens de ida e volta para Ars, e eram válidas por oito dias, porque eram necessários oito dias para se aproximar do padre, obter dele um conselho ou se ajoelhar para se confessar e obter a absolvição. Foi preciso organizar serviços especiais de transporte entre Lyon, Trévoux, Villefranche e Ars.

Peregrinos vinham de barco de Lyon para Trévoux, no rio Saône, e faziam a pé os últimos quilômetros. Outros vinham a cavalo ou com veículo particular. Entre eles, haviam pessoas de todas as condições: o bispo se misturava ao mais humilde pároco do interior, os nobres ficavam próximos às pessoas do povo, os crentes com os ateus, os sábios com os ignorantes, os monges com as pessoas do mundo... E todos se amontoavam para se aproximar daquele que antigamente teve tanta dificuldade para receber o sacerdócio, porque não conseguia aprender latim...

Cada um dormia onde podia; muitos dormiam ao relento; todo mundo esperava pacientemente sua vez. Não vimos o próprio bispo do padre esperar sua vez entre outros penitentes? No entanto, a confissão não levava muito tempo. Vianney ficava no confessionário até quatorze e quinze horas por dia. Que suplício ficar assim parado durante horas e horas no mesmo assento, os pés congelados no inverno, inchando de calor no verão, escutando e enfrentando tantas misérias humanas!

Por que essa multidão que atingia até 120 mil pessoas ao ano? Porque o padre de Ars via dentro das almas. Uma vez ajoelhado diante dele, era impossível ao pecador esconder qualquer coisa; se por acaso isso acontecesse, o padre imediatamente o lembrava dos pecados esquecidos. Assim que o penitente terminava de confessar suas faltas, o padre lhe dava uma linha precisa de conduta para que conseguisse se corrigir e crescer diante de Deus. "Não faça nada que você não possa oferecer a Deus", dizia frequentemente.

Sem ter visto a pessoa, ele percebia se ela estava apressada, seja porque tinha vindo escondida, seja porque estava esperando durante muito tempo, seja por uma razão ou outra ser urgente que se confessasse.

Um dia, uma mãe de 16 filhos não conseguiu lugar dentro da igreja, pois estava repleta. De repente o padre saiu do confessionário e foi buscá-la: "Senhora, venha, pois está apressada".

Uma jovem da região de Puy-de-Dôme, Luísa Dortan, veio consultá-lo sobre sua vocação. Havia três dias que esperava sua vez, mas em vão: era impossível chegar até ele. Com muita pena, querendo desesperadamente chegar até o confessionário, decidiu ir embora, e não conseguiu evitar as lágrimas. Mas o padre saiu da capela São João Batista e lhe disse em voz alta: "Você não é paciente, minha filha, você está aqui somente há três dias e já quer ir embora. Você tem de ficar 15 dias. Vá orar para Santa Filomena, ela lhe ensinará sua vocação".

Um dia, Vianney solicitou a um dos bons paroquianos, sr. Oriol, que ajudava na organização da igreja:

— Meu amigo, traga-me aqui a senhora que está no fundo da igreja. Ela tem um xale nas costas.

Oriol atravessou a multidão, não encontrou a senhora e voltou para o padre.

— Corra rápido — disse —, ela está passando em frente do orfanato.

O sr. Oriol saiu correndo e encontrou a senhora no lugar indicado e a levou de volta toda feliz, pois ia regressar sem ter confessado.

Impossível estimar a quantidade de pessoas que se converteram enquanto estavam de joelhos diante do padre santo. Uma vez, veio por curiosidade um grosseiro incrédulo, cuja visão dessa fervorosa multidão o deixava irritado. "Seria preferível — disse entre os dentes — que esse padre infeliz estivesse morto." Mas padre Vianney passou a vista pela igreja, notou o incrédulo, e o fixou longamente. Apesar disso, o homem se aproximou, se ajoelhou, e ergueu-se feliz, com a alma em paz.

Um grupo de lioneses veio em peregrinação a Ars. Todos eram bons cristãos, exceto um velho que veio "para agradar a juventude". "Podem ir para a igreja, que eu vou encomendar o jantar"; depois, repentinamente se arrependendo, disse: "Ah, talvez não, eu irei com vocês, não vai levar muito tempo".

Exatamente no momento em que entravam, o padre saiu da sacristia e passou pelo coro. Ele se ajoelhou, se voltou, olhou na direção da pia de água benta, e com o dedo fez um gesto para chamar alguém.

Ele está lhe chamando —, falaram para o velho, espantado. Timidamente, ele se adiantou, enquanto seus companheiros, todos contentes, diziam, "Pronto, foi pego".

O padre apertou afetuosamente suas mãos:
— Há muito tempo que você não se confessa?
— Algo em torno de trinta anos.
— Reflita bem. Há trinta e três anos você estava em tal lugar.
— O senhor tem razão, padre.
— Então, vamos nos confessar agora? — Perplexo, o velho não ousou recusar. Essa confissão o transformou.

Por volta de 1840, chegou a Ars o sr. Rochette, levando seu filho que estava muito doente. Estava acompanhado de sua mulher. Mas, enquanto a mulher se confessava e comungava, ele só queria uma coisa: que seu filho fosse curado. Não suportava ver seu filho sofrer! Ele chegou à igreja, mas não passou da pia de água benta. O padre o chamou uma vez, duas vezes; ele não respondeu. "Ele é tão incrédulo assim?", perguntou Vianney à esposa, que se encontrava nesse momento na mesa de comunhão.

Finalmente, na terceira chamada o homem entrou e seguiu o padre atrás do altar.
— Afinal de contas, ele não vai me morder!
— Cá entre nós, sr. Rochette, venha aqui.
— Não tenho muita vontade…
— Não faz mal. Comece a ver. — E o padre o guiou, começando por lembrar-lhe suas faltas esquecidas há muito tempo. Não foi preciso mais que isso. No dia seguinte, o sr. Rochette comungou ao lado de sua mulher, e ambos deixaram Ars com o filho curado.

Em Lyon havia Maissiat, professor na Escola de Artes e Ofícios, livre-pensador e ateu bem conhecido. Ao fazer uma excursão, em junho de 1841, encontrou um amigo que ia para Ars.
— Venha comigo — disse-lhe o amigo —, você vai ver um padre que pratica milagres.
— Milagres! — respondeu Maissiat, zombando — Não acredito nisso.
No entanto, acompanhou seu amigo. No dia seguinte, por curiosidade assistiu à missa do padre Vianney.

Terminada a missa, o padre foi direto em sua direção, colocou a mão em seu ombro e fez sinal para que o acompanhasse. Diante do confessionário, Maissiat exclamou:
— Ah, isso, nunca. — O padre o olhou com amor. O incrédulo se ajoelhou, contou sua vida, mas sem arrependimento.
— Meu amigo, volte amanhã para falar comigo. Enquanto isso, vá diante do altar de Santa Filomena. Você dirá a ela que peça sua conversão a Nosso Senhor. — O padre percebeu que Maissiat não queria obter perdão de seus pecados.

O livre-pensador se ergueu e se colocou diante da imagem de Santa Filomena com atitude desafiadora. Assombro! Ele começou a chorar sem saber a razão. Saiu da igreja chorando. No dia seguinte, o erudito se encontrou aos pés do padre: "Padre — disse ele — eu não acredito em nada… me ajude!". A excursão foi deixada de lado. Maissiat ficou nove dias em Ars e voltou para Lyon com a fé recobrada.
A partir daí afastou todo julgamento humano, e morreu depois de ter sido até o fim de sua vida um dos melhores católicos de sua paróquia.

Uma jovem travessa mas generosa, Luísa Martin, foi um dia a Ars. Ela queria se tornar religiosa, mas seus pais eram expressamente contra. Depois de longa espera diante do confessionário, chegou sua vez, mas no exato momento em que o padre deveria sair para celebrar a missa. Ela o suplicou. O padre lhe disse: — Você liga para o julgamento humano? — Oh, não, meu Pai. — Então, ajoelhe e se confesse.
No meio da multidão, Luísa se ajoelhou, falou de seus projetos fracassados. Disse-lhe então o padre: — Sua vocação vem do céu, você será religiosa. — Ela se levantou radiante. Mais tarde, pôde entrar na vida religiosa, seus pais não fizeram mais objeção.

21

Aos poucos, grande número de padres começou a vir a Ars pedir ajuda ao modesto padre dessa pequena paróquia para que pudessem cumprir melhor a missão sacerdotal. A todos o padre Vianney dava sábios conselhos.

"Desde os 20 anos eu queria ser religioso", disse-lhe, um dia, um deles. "Muito bem — respondeu o padre — esse pensamento é bom, vem de Deus". "Então posso abandonar meu cargo de professor para entrar na ordem religiosa?". "Não tão rapidamente, meu amigo. Fique em seu lugar. Deus não lhe pede para realizar seus desejos agora, por melhores que sejam".

122

Ainda atormentado pelos mesmos desejos, o mesmo padre voltou a Ars depois de três anos. Era então professor de um colégio.

— Agora, que não sou mais professor de seminário, o que o senhor me aconselha?

— Mas a mesma coisa —, respondeu Vianney com um bom sorriso. E acrescentou: — Veja, a obra mais bela que podemos realizar no século em que vivemos é a educação cristã da juventude.

23

É possível citar inúmeras outras histórias de pessoas que partiram de Ars com a alma em paz e fortificadas na fé.

Durante trinta anos padre Vianney foi fiel a essa missão extenuante, controlando o cansaço, o frio, a fome, recusando ter uma almofada em seu confessionário.

Quantas pessoas ele não arrancou das garras do demônio, ele que em sua paróquia se mortificava para obter de Deus luz e arrependimento por todos aqueles que vinham até ele!

124

Um dia, para ajudá-lo em sua pesada tarefa, o bispo decidiu dar-lhe um vigário, o padre Raymond. Mesmo assim, os dias eram completamente tomados.

Tentemos passar um dia em Ars no tempo de Vianney. À tarde. Uma densa multidão se aglomerava na pequena praça da igreja. Impossível penetrar nela: ficava repleta, e assim permanecia até o fechamento, tarde da noite. Todo mundo orava; ninguém queria ir embora para não perder sua vez no confessionário.

Meia-noite, 1 hora da manhã. O padre deixava a casa paroquial onde passara algumas horas. Entrava na igreja, abria a porta para aqueles que esperavam lá fora. Uma oração fervorosa diante do altar-mor, e logo ia para o confessionário. Ali ficava seis ou sete horas ininterruptas, trazendo a paz do Senhor para aqueles que muitas vezes fizeram centenas de quilômetros para se reconciliarem com Deus.

Depois Vianney saía do confessionário, ajoelhava-se no chão do coro para se preparar silenciosamente para a missa, e em seguida subia ao altar. Para ele era o grande momento do dia. Nada era belo o bastante que celebrar o sacrifício: o mais belo cálice, os mais belos ornamentos, um altar magnificamente adornado, e uma multidão orando com respeito e fé, tudo isso era imprescindível para o padre santo... Seria preciso ver com que fervor, com que amor celebrava!

Depois da missa e alguns instantes de ação de graças, voltava para o confessionário até as 10h30. Depois, durante um momento, recitava o breviário antes de se instalar às 11 horas na pequena cátedra de onde dava o catecismo. Durante uma hora, ele falava, passava de um assunto a outro, deixando transbordar do coração seu imenso amor a Deus. A igreja estava sempre cheia, todo mundo escutava atentamente as palavras do padre Vianney que iam direto à alma.

Pois a palavra do pároco de Ars atingia os ouvintes como se cada um tivesse sido diretamente visado. Um médico de Lyon veio um dia para Ars com um grupo de pais e amigos. Logo às primeiras palavras do catecismo, gargalhava, e para não ser notado escondia a cabeça em suas mãos. Pouco a pouco, as palavras do padre penetraram nele; imediatamente muitas lágrimas começaram a escorrer de seus olhos; o doutor tinha tomado consciência de seus erros e do amor de Deus que tudo perdoa!

Ao meio-dia, depois de ter recitado o *Angelus*, ajoelhado diante do altar, o padre voltava à casa paroquial para tomar sua refeição. Mas era preciso uns bons quinze minutos para atravessar os poucos metros que separavam a casa paroquial da igreja. Todos os dias a multidão se aglomerava nesse local: doentes ou enfermos, crianças ou idosos que não podiam entrar na igreja ou ali ficar durante muito tempo, ou também visitantes que não queriam se confessar. Vianney dizia uma palavra reconfortante para um, dirigia um sorriso para outro, e benzia todas as crianças.

Certos dias, havia tanta gente que ele não conseguia passar. Então usava um delicioso estratagema: ele pegava um punhado de medalhas e jogava para cima. Enquanto as pessoas se movimentavam para apanhá-las, corria para o pátio da casa paroquial, fechava a porta, não aceitando ninguém como companhia durante sua refeição. É fácil compreender essa medida quando se sabe do que ele se alimentava. Na verdade, sua refeição não variava: algumas batatas cozidas de uma vez para toda a semana, ou algumas panquecas (*matefaims*).

Uma refeição assim não lhe roubava muito seu tempo. "Entre meio-dia e 1 hora, já me aconteceu — relatava — de comer, varrer o quarto, fazer a barba, dormir e visitar um doente." Todos os dias, de fato, depois de sua refeição, o padre visitava as órfãs da "Providência" e os doentes da paróquia, assim como aqueles que vinham de longe em peregrinação. Uma multidão de pessoas o acompanhava, ávida para receber seus conselhos, para transformar sua vida ou encontrar um pouco de esperança para seus sofrimentos.

Vianney então voltava para a igreja, confessava as mulheres até 17 horas aproximadamente, depois os homens até às 19h30 ou 20 horas. Depois subia no púlpito para presidir a oração da noite, e voltava finalmente à casa paroquial, para onde se retirava, até a meia-noite ou 1 hora.

E todos os dias, durante longos anos, esse foi seu sufocante regime de vida. Sem dúvida, nunca houve um padre que levasse dias assim tão sobrecarregados durante tanto tempo.

133

Diante disso, dá para entender que em certos momentos o padre Vianney tinha a tentação de se retirar solitariamente, para passar uns dias orando a Deus. Uma primeira vez em 1840 escreveu ao bispo de Belley solicitando-lhe autorização; depois, aproveitando a escuridão da noite, deixou a casa paroquial às 2 horas da madrugada. Mas, quando chegou perto do cruzamento de Combes, parou e refletiu: "Está certo o que você está fazendo? Não é melhor ficar em Ars para converter as almas?" Pegou sua mochila e imediatamente fez meia-volta e foi em direção ao confessionário.

134

Três anos mais tarde, enquanto estava presidindo o mês de Maria, o padre caiu do púlpito, exaurido pelo trabalho extenuante. Correram para socorrê-lo, colocaram-no em um quarto contíguo, e o instalaram sobre uma cama improvisada. Todos, paroquianos e peregrinos, ficaram consternados, tristes. O padre deles ia morrer? Chamaram um médico e convocaram três outros para ter a opinião deles. Vianney, que havia mantido total lucidez, não pôde deixar de dizer maliciosamente: "Eu travo um grande combate."
— Contra quem mesmo?
— Contra quatro médicos. Se vier um quinto, eu morro.

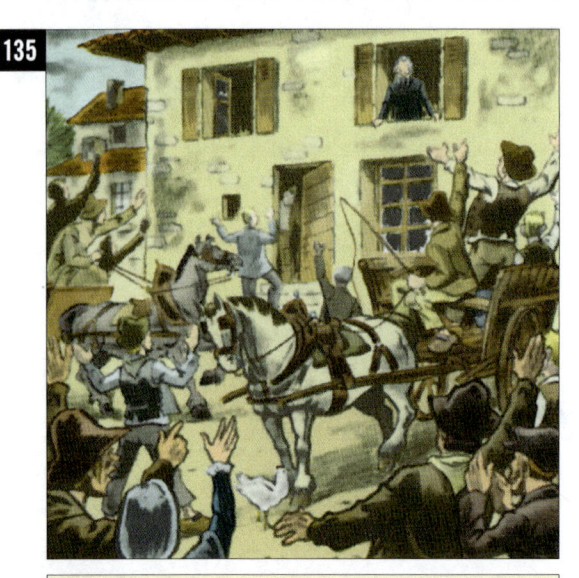

135

Ao final de nove dias em que ficou entre a vida e a morte, de repente o doente se sentiu melhor, enquanto estava sendo celebrada uma missa para ele em louvor de Santa Filomena. Então pediu mais uma vez autorização ao bispo para deixar Ars. Esperando a resposta, foi para Dardilly na casa do seu irmão Francisco. Mas foi descoberto em seu retiro; logo Dardilly viu chegar multidões de peregrinos, e o padre voltou para o confessionário. Entretempo, a resposta do bispo chegou, e lhe deixava a escolha entre Ars e um cargo de capelão.

136

Padre Vianney hesitou, mas depois de fervorosa oração, decidiu: "Voltemos para Ars". Um carro o transportou até 7 quilômetros do vilarejo. O resto do caminho ele fez a pé. Quando chegou, com um cajado na mão como um peregrino, os sinos começaram a tocar com toda intensidade, os paroquianos estavam reunidos na praça, muitos em traje de trabalho. Muito emocionado, o padre os benzeu: "Eu não os deixarei mais, meus filhos... eu não os abandonarei mais".

Todos entraram na igreja, e Vianney retomou suas funções ao presidir a prece da noite.

No entanto, dez anos mais tarde, a obsessão do silêncio e da oração em um mosteiro retornou. Uma noite, ele deixou a casa paroquial acompanhado de Catarina Lassagne e de Maria Filliat, que o guiaram até a ponte do riacho. Mas a população foi alertada, a sirene tocou, a multidão se aglomerou e o seguiu, suplicando-o para ficar. Chegaram à ponte. O padre Toccanier, um padre que o bispo de Belley mandara para ajudar Vianney, se apossou do breviário do padre. Ele parou, hesitou, e disse: "Tenho outro breviário em meu quarto, voltemos para buscá-lo".

Todo mundo voltou para Ars. Durante o trajeto, as súplicas dos paroquianos aumentaram. Logo vieram as dos peregrinos, que se precipitavam sobre o padre e se ajoelhavam:
— Meu Pai, antes de ir embora, confesse-me!
O padre Toccanier insistia:
— Padre, o senhor não pode deixar sem confissão esse povo vindo de tão longe.
Então subitamente Vianney se decidiu: entrou na igreja, pegou a sobrepeliz, dirigiu-se para o confessionário. Desta vez, era definitivo. Ele não procuraria mais ir embora.

Nada conseguia arrefecer a humildade do padre Vianney, que ele próprio se denominava "Um pobre padrezinho"... Um dia Gabriel, um Irmão da Sagrada Família, veio até ele. Ele havia escrito um livro intitulado: *O anjo condutor dos peregrinos de Ars*, e no prefácio de sua obra havia um elogio ao padre santo. Este, ao ler o que dizia dele, exclamou:
— Eu não podia imaginar que o senhor fosse capaz de escrever um livro ruim!
— Como um livro ruim?
— Sim, um livro ruim; tire tudo o que diz respeito a mim e será um bom livro! — Evidentemente, o autor nada tirou.

Padre Vianney nunca se deixava fotografar. No entanto, o bispo queria ter uma imagem dele. Encarregou um grande escultor, Cabuchet, de fazer a estátua de Vianney, e deu ao artista uma carta de recomendação na qual insistia para que o padre aceitasse que ele fizesse sua obra. Padre Vianney recusou energicamente! Então Cabuchet se instalou na igreja durante o catecismo; ele tinha um grande chapéu onde escondia a cera, e enquanto o padre falava, trabalhava discretamente.

141

Finalmente o busto ficou pronto. Foi levado à sala de jantar da casa do sr. Toccanier; convidaram a Vianney, que subitamente se encontrou diante de sua estátua.
— Quem fez isso? — perguntou todo confuso. Cabuchet se apresentou. — Você me desobedeceu, devo perdoá-lo?
As pessoas presentes o suplicaram para que ele desse seu perdão. E finalmente padre Vianney aceitou que a estátua não fosse destruída, mas com uma condição: que ela viesse a público somente após sua morte.

14

Sua pobreza é legendária. Ele, por cujas mãos passavam somas fabulosas, nada tinha que fosse dele. Na casa paroquial os móveis eram reduzidos ao mínimo possível. Para as refeições, uma vasilha e uma colher eram suas únicas louças; tinha apenas uma batina, e ele mesmo cerzia suas roupas.
Ele dava tudo, vendia tudo que lhe pertencia — mobiliário, roupa — para distribuir o dinheiro aos pobres.

143

Um dia o padre estava indo ao orfanato. De repente encontrou um miserável vestido com trapos e cujos sapatos não mereciam ser chamados assim. Ele parou, tirou seus sapatos e os deu imediatamente. Prosseguiu seu caminho em direção à "Providência", tentando esconder suas meias sob a batina.
Ganhava sapatos forrados... No dia seguinte estava com os velhos sapatos nos pés.
— O senhor deu os outros?
— É bem possível — respondia simplesmente.

14

Sr. Devie, bispo de Belley, gostava muito de Vianney e sempre teve grande estima por ele. Assim que percebeu que os ataques recebidos pelo padre eram meras calúnias, várias vezes foi vê-lo em Ars, mas nunca sentiu a necessidade de lhe outorgar um título honorífico, pois bem sabia que Vianney não atribuía nenhuma importância a isso.
Seu sucessor, Dom Chalandon, não pensava da mesma maneira...

145 Segunda-feira, 25 de outubro de 1852, Vianney estava no confessionário na sacristia. "Seu padre, o bispo está aqui!" Um pouco perturbado, o padre saiu, sempre vestido com sua sobrepeliz, e foi para a porta de entrada da igreja para oferecer água benta ao bispo. Além disso, como era a primeira visita do bispo, pensou em lhe dirigir algumas palavras que pudessem traduzir sua submissão.
Mas o que o bispo tinha? Parecia que escondia algo sob sua capa.

146 Já nas primeiras palavras do padre, Dom Chalandon retirou rapidamente o embrulho que escondia e o mostrou diante de toda a multidão. Era um camal (uma pequena capa curta, usada pelos cônegos)! O bispo anunciou que Vianney havia sido nomeado cônego honorário.
— Não, Excelência —, balbuciou Vianney, que não sabia para onde ir — dê isso a meu vigário. Ele fará melhor uso do que eu.
Nada a fazer! O bispo, o vigário-geral, o padre Raymond se uniram para colocar o camal no padre Vianney.

147 Depois o bispo entoou o *Veni Creator*, e a procissão avançou em direção ao coro. "Parecia um sentenciado sendo conduzido ao cadafalso, com a corda no pescoço" escreveu a condessa des Garets. Quando chegou à sacristia, o padre escapou discretamente para um canto para tirar essa vestimenta de cerimônia. Mas o prefeito, que o seguia, endireitou a camal e convenceu o padre a continuar com ela pelo menos durante aquele dia. "Seria uma desfeita que o senhor faria ao bispo", disse.

148 Resignado, Vianney voltou para a igreja. Recebeu os elogios do bispo, que disse algumas palavras à multidão para justificar essa honra conferida ao simples pastor de uma pequena paróquia. Ele escutou completamente desconcertado, tamanha era sua humildade. A procissão voltou para a casa paroquial, o padre com sua camal toda torta, e não querendo arrumá-la.
Assim que o bispo foi embora, padre Vianney tirou a bela capa debruada de arminho, apalpou-a, contemplou-a e disse: "Isso dará um bom dinheiro para minhas obras!"

149

Logo após, o padre recebeu a visita da srta. Ricotier, pessoa rica de Ars.
— A senhora chegou em boa hora — disse o padre — eu gostaria de lhe vender minha cama!. A senhora pode me dar 15 francos por ela.
— Mas ela vale muito mais do que isso, senhor padre!
— Vinte, então?
"Eu lhe dei 25 francos", contaria depois a compradora. "Depois soube que havia custado 50, e dei mais 25 francos a Vianney; este ficou muito contente e foi logo dizendo, 'Se o Monsenhor me der uma outra, vou transformá-la em dinheiro!'"

150

Em 1855 ele foi agraciado como cavaleiro da Legião de Honra. O pedido havia sido feito pelo vice-prefeito de Trévoux e pelo prefeito de Ain. O prefeito veio lhe anunciar a notícia:
— É dinheiro para meus pobres? — perguntou o padre.
— Não, é uma simples distinção honorífica!
— Nesse caso, já que os pobres não têm nada a ganhar, mande dizer ao imperador que não aceito[1].

1. Napoleão III era o imperador dos franceses nessa época.

151

Pouco depois, Vianney recebeu uma carta da Chancelaria da Legião de Honra: estavam lhe pedindo 12 francos para o envio da cruz. "Mas eu a recusei — disse ele. Não e não... Esses 12 francos serão mais bem empregados com os pobres." Mas a nota foi paga sem que ele soubesse. Mais tarde dirá maliciosamente: "Eu não enviei o dinheiro, e assim mesmo eles me enviaram a cruz". Apesar disso, ele nunca a usou. Após sua morte, ela foi fixada em cima do caixão.

152

Essas distinções honoríficas que não interessavam absolutamente ao humilde padre não eram necessárias para que seu valor fosse reconhecido. Na verdade, Deus se contentava em ressaltar a santidade de seu servo fiel, permitindo inúmeros milagres enquanto ainda era vivo. Impossível saber quantos! O padre obtinha muitos por intercessão de Santa Filomena, "sua santinha", como ele gostava de chamá-la. Ele mandou construir uma capela para ela para onde ele enviava doentes, enfermos e grandes pecadores para rezar.

53

Uma mulher que só andava com o auxílio de muletas encontrou-se com Vianney:
— Caminhe, minha senhora —, ele lhe disse.
A mulher hesitava.
— Mas caminhe como lhe é dito —, acrescentou o padre Toccanier. A mulher tentou, as pernas estavam sólidas, os primeiros passos foram bons, as muletas caíram.
— E as leve com você! —, ordenou o outro padre, indicando as muletas com o dedo.

154

No dia 25 de fevereiro de 1857 chegou a Ars uma mulher da região de Saône-e-Loire, sra. Dévoluet; ela empurrava num carrinho seu filho de 8 anos, incapaz de andar. Ela deixou a criança com uma família do lugarejo e passou as primeiras horas da noite sob o pórtico da igreja, para que assim pudesse chegar até o padre. Ele a viu na multidão. "Venha, você é a que tem mais urgência!" Ela se confessou e esqueceu de falar de seu filho. Então ela foi buscá-lo, depois se instalou com ele perto da sacristia para assistir à missa.

55

Depois do término da missa, ela tentou entrar na sacristia. Mas foi impedida.
— Deixe ela entrar — disse Vianney. Ela apresentou seu filho para uma bênção:
— Esse menino é muito grande para ser carregado no colo. Coloque-o no chão.
— Mas ele não pode!
— Vai poder! Vá orar diante de Santa Filomena. — E o padre deu um beijo na testa do menino. Levado pela mão, chegou penosamente à capela.

156

Ele mesmo se ajoelhou, e assim ficou quase durante uma hora, depois se levantou. "Estou com fome", disse. Correu só de meia até a porta. Estava chovendo. "Se você tivesse trazido meus sapatos!" A mãe o colocou no colo, levou-o até o sapateiro, e lhe deu um par de sapatos. Batendo as mãos de alegria, imediatamente o garoto foi para a rua brincar com as outras crianças.

157

Não eram apenas as curas milagrosas! Com seu olhar de fogo, padre Vianney lia as almas.

Antônio Saubin, operário de Lyon, descrente, achava-se perdido no meio da multidão da igreja.

— Se esse padre — pensou — tem o espírito de Deus como se diz, saberia que tenho de lhe falar e que estou com pressa.

O padre virou-se e lhe disse bem alto: — Paciência, meu amigo, daqui a pouco vou falar com você.

158

Uma senhora de luto propôs-se viajar com um grupo de peregrinos que ia para Ars.

— Posso ir com vocês? — disse ela ao padre que dirigia a peregrinação. — Estou viajando para me distrair; tanto faz ir aqui ou ali!

O padre consentiu. Chegando ao vilarejo, ela pediu ao padre:

— O senhor poderia me arranjar uma entrevista com esse "santo milagroso", sobre o qual o senhor estava falando?

— Farei meu possível —, respondeu o padre.

159

Assim que o grupo entrou na igreja, Vianney se dirigiu diretamente à senhora: — Ele está salvo... sim, ele está salvo —, o padre lhe disse baixinho.

— Não é possível —, murmurou a pobre senhora.

— Sim, ele está salvo, está no purgatório e temos de rezar por ele. Entre o parapeito da ponte e a água, ele teve tempo de se arrepender. Seu marido não era religioso, mas se unia às vezes às suas orações! — A pobre senhora recobrou a paz: era obcecada pela ideia de que seu marido, que se suicidara, estivesse no inferno.

160

São evidentemente fatos extraordinários, mas há mais fortes ainda. É certo que o padre Vianney conversou várias vezes com Deus e com a Virgem Maria. "Com relação à Virgem Maria, nós nos conhecemos bem", disse ele um dia sorrindo. Às vezes se queixava quando ficava algum tempo sem receber as visitas celestes. "Afinal de contas — ele suspirou uma vez, quando supunha estar sozinho — não vejo o Senhor desde domingo!"

N o entanto, pouco a pouco sua saúde se deteriorava. Não se vive durante quarenta anos com duas ou três horas de sono e uma refeição ao dia, sem sentir o corpo se desgastar, o cansaço se acumular, e a velhice pesar fortemente sobre os ombros. O vigário perguntou-lhe:
— Meu pai, se Deus lhe desse a opção ou de ir para o céu imediatamente, ou trabalhar como o senhor faz pela conversão dos pecadores, o que o senhor escolheria?
— Meu amigo, eu ficaria! Que alegria encaminhar as almas para Deus.

O padre envelhecia e os peregrinos só aumentavam. E ainda por cima reduzia mais o sono e a alimentação, aceitando apenas uma xícara de leite à noite. Muitas vezes era seu único alimento. Ele tossia de dar pena.
Certo dia, chegou por volta de meio-dia na casa de Catarina Lassagne:
— Ah, não aguento mais.
— Sente-se um instante — disse Catarina —, vou lhe esquentar um pouco de leite.
— Oh, não, estou precisando de minha cama... — E saiu para subir e dormir no estrado.

C atarina insistiu. Esquentou o leite e foi para a casa paroquial, mas encontrou o padre a caminho da igreja.
— Seu padre, beba isso.
— Não, não quero nada.
— É preciso beber este leite.
Diante da insistência, ele aceitou a xícara de leite e a bebeu diante dos peregrinos. À noite, confessou a Catarina:
— Finalmente, penso que sem seu leite não conseguiria terminar meu dia.

D e vez em quando, ele ficava muito fraco e acontecia de adormecer no confessionário. Então os peregrinos faziam silêncio, para que ele tivesse um momento de descanso. No entanto, continuava muito ativo, estudava o projeto da igreja que queria construir em honra de Santa Filomena: quatro meses antes de sua morte lançou um abaixo-assinado com essa finalidade. "Rezarei ao bom Deus por aqueles que ajudarão a construir uma igreja para Santa Filomena." Foram as últimas frases escritas por ele.

165

Na mesma época recebeu a visita de Pauline Jaricot, fundadora da Propagação da Fé, envelhecida e cansada por causa das provações. Ela estava com muito frio, pois tinha vindo exposta ao vento e à neve. O padre foi procurar lenha para fazer fogo. Mas tudo estava úmido, e o fogo não pegava. "Não faz mal, disse Pauline, estou acostumada com o frio. Em vez disso, dê-me um pouco de esperança." O padre conversou com ela e lhe deu uma pequena cruz de madeira.

166

Parece que ele pressentia a data de sua morte. Em julho de 1859, uma senhora caridosa de Saint-Étienne, sra. Pauze, foi se confessar. O padre lhe falou de São João Francisco Régis e da peregrinação de La Louvesc que outrora ele havia feito, e aonde essa senhora ia todos os anos. "Até logo — ele lhe disse — dentro de três semanas nos veremos novamente." Três semanas mais tarde, o padre Vianney e a sra. Pauze morriam quase ao mesmo tempo e puderam se encontrar diante do Senhor.

167

O dia 29 de julho de 1859 foi seu último dia de ministério. Chovia muito, e ele se sentia doente desde que se levantou. No entanto, a 1 hora da manhã se encontrava no confessionário, enquanto na igreja estava tão quente que os peregrinos tinham de sair para respirar um pouco. O padre foi conduzido várias vezes para fora da igreja para tomar ar. Ele não aguentava mais; porém continuou a confessar durante dezesseis horas. Suas palavras já eram inteligíveis; apenas lançava olhares repletos de amor em direção do sacrário.

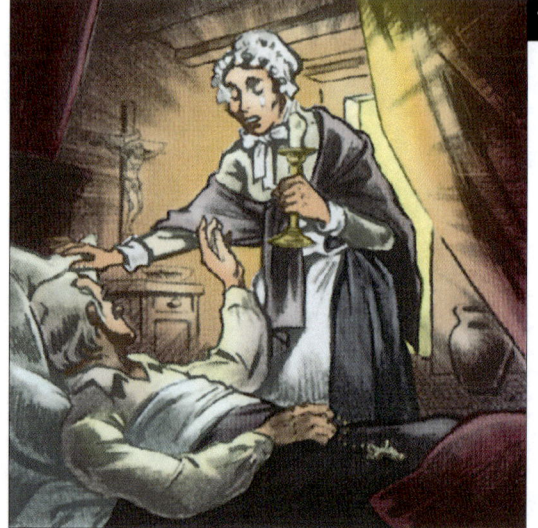

168

Na noite de 30 de julho, Vianney chamou Catarina Lassagne, que ficou com ele até o fim.
— É o fim — ele disse —, é preciso chamar o padre de Jassans.
— Vou chamar também o médico.
— Inútil, o médico nada fará.
Desolados, os paroquianos acorreram, ficaram do lado de fora do quarto, tentando ver pela última vez o bom padre.
No dia 2 de agosto recebeu os últimos sacramentos. "Deus é bom, quando não é mais possível ir vê-lo, é ele que vem."

169

Ao saber que o pároco de Ars estava morrendo, o bispo de Belley saiu apressado do pequeno seminário de Meximieux, onde presidiria a uma cerimônia, para ficar ao lado do moribundo. O doente o reconheceu, sorriu-lhe, tentou um agradecimento.

E na quinta-feira, dia 4 de agosto, às 2 horas da manhã, o padre santo entregou sua alma a Deus, enquanto a seu lado um padre concluía as orações dos agonizantes: "Que os santos anjos de Deus venham ao teu encontro e te introduzam na Jerusalém celeste".

170

O sino começou a repicar em Ars. A notícia se espalhou por toda a região: os peregrinos chegavam de todo lado. O enterro foi um triunfo: seis mil pessoas, trezentos padres em torno do bispo que oficiou as exéquias. Rezavam por aquele que todos já chamavam de "o santo".

Em 1905 o santo papa Pio X elevou à glória dos bem-aventurados o humilde padre, e o proclamou padroeiro de todos os padres da França. E em 1925, diante de 70 mil peregrinos do mundo inteiro, João Maria Vianney foi proclamado santo.

171

Desde 1859 o vilarejo de Ars não cessou de ser um lugar de peregrinação. Retiros são orientados para os padres e para os fiéis. Todo dia 4 de agosto grandes multidões se aglomeram para rezar ao santo João Maria Vianney. Um convento de carmelitas foi instalado: essas religiosas dedicam a vida inteira à oração e à penitência para que os padres se tornem santos.

172

Ars também se tornou o centro de oração de uma comunidade de leigos cristãos: o Caminho Novo.

E você, se aprendeu a amar o pároco de Ars, feche os olhos um instante, dirija a ele uma prece do fundo do coração: que a Igreja, na França e em todo o mundo, seja tão fervorosa quanto foi em Ars no século passado; e que o Senhor fomente muitos santos como ele, que saibam despertar a fé dos cristãos!

Edições Loyola

editoração impressão acabamento
Rua 1822 nº 341 – Ipiranga
04216-000 São Paulo, SP
T 55 11 3385 8500/8501, 2063 4275
www.loyola.com.br